DIE METHODE

Einfach und mit Spaß ein Einkommen
für das ganze Leben aufbauen

Todd Burrier

Copyright © 2010, 2017 Todd Burrier, Ingo Fechner

Titel der amerikanischen Originalausgabe: „The Process - The fun and easy way to build an income stream for life"

Aus dem Englischen von Ingo Fechner

Alle Rechte vorbehalten, insbesondere das Recht zur Übersetzung in Fremdsprachen. Nachdruck oder Reproduktion, Vervielfältigungen jeglicher Art, auch auszugsweise, nur mit schriftlicher Genehmigung des Autors oder des Verlags.

Verlag: Ingo Fechner Verlag, Lindenstr. 22, 79194 Gundelfingen

7. Auflage Oktober 2017, Printed in EU

ISBN 978-3-9814128-0-2

Hinweis

Die in diesem Buch beschriebenen Prinzipien haben bereits vielen Menschen zum Erfolg verholfen, dennoch können weder der Autor, noch der Verlag dafür garantieren. Erfolg ist immer auch individuell und hängt von vielen Faktoren ab. Eine Haftung, gleich welcher Art und welchen Umfanges, die aus diesen Inhalten abgeleitet werden könnte, wird ausdrücklich ausgeschlossen.

Das Buch ist in deutsch, englisch, spanisch, italienisch und niederländisch erhältlich.

www.balance-tools.de

www.toddburrier.de

Inhaltsverzeichnis

Einleitung 5

Die Nachfrage ist riesig 9

Die Bremse in uns selbst 15

Gedanken zum Umgang mit Angst 18

Grundlegende Verhaltensregeln 21

Noch nicht 23

Die Methode – Schritt für Schritt 24

Das 80/20 - Phänomen 26

Kontaktieren 26

Druck 27

Ohne Druck 29

Der Wohlfühlfaktor 31

Informieren 32

Kontakt halten (Follow up) 38

Betreuen 41

Ein paar Schlussgedanken 45

Bonuskapitel 1 – Eine Geschäftsphilosophie 47

1 oder 99% 48

Bonuskapitel 2 – Kontaktmöglichkeiten, Tipps,
Beispielsätze und Vorschläge 51

Bonuskapitel 3 – Wie man anderen Menschen
dabei hilft, ihre Probleme zu lösen 55

Bonuskapitel 4 – Gesundheit und Wellness 58

Bonuskapitel 5 – Network Marketing
und Social Media 60

Einleitung

Ich freue mich, dass Sie dieses Buch in Ihren Händen halten. Denn das bedeutet, dass Sie von jemandem erfahren haben, wahrscheinlich von einem Freund oder Geschäftspartner, dass Empfehlungsmarketing ein wunderbarer Weg ist, eine neue Einkommensquelle für Ihre Zukunft zu erschließen (bestes Beispiel: Sie lesen gerade dieses Buch aufgrund einer Empfehlung!). Und noch viel besser ist, dass Sie diesen einfachen ersten Schritt in dieser Richtung schon gegangen sind oder dass Sie sich sogar ernsthaft damit auseinandersetzen, selbst in diesem Geschäft zu starten.

Vielleicht sind Sie aber auch skeptisch gegenüber dieser Idee, da es viel zu einfach scheint. Doch ich lade Sie dazu ein, dieser Idee nachzugehen und sich das Konzept einmal genau anzuschauen. So wie ich ein lebender Beweis für das große Potential bin, das in diesem Konzept steckt, sind es viele andere auch.

Und wenn ich sage „so wie ich", beziehe ich mich auf die Personen, die ohne jegliche Erfahrung begonnen haben; die Mühe haben, mit ihrem Einkommen auszukommen, die sich wie in einer Sackgasse fühlen und nicht die Dinge im Leben tun können, die sie wirklich tun möchten, und ... (hier können Sie Ihre eigene Lebenssituation einsetzen).

Wenn Sie mich jetzt gerade kennengelernt hätten und meine jetzige Lebenssituation und meine Referenzen anschauen (ich habe einen Master in Business Administration, schreibe Bücher, coache Führungskräfte, habe einige angesehene

Ämter in meiner Gemeinde inne, unterrichte als außerordentlicher Professor an verschiedenen Hochschulen, lebe in einem schönen Haus, etc...), werden Sie sich denken, dass es für mich einfach sein muss, ein Geschäft aufzubauen, da ich Glaubwürdigkeit besitze.

Was Sie aber wissen müssen ist, dass meine derzeitige Situation bereits das *Ergebnis* meines Erfolges im Empfehlungs- bzw. Network Marketing ist.

Als ich mit dieser Tätigkeit begann, fühlte ich mich gescheitert in meinem damaligen Leben. Meine geschäftliche Glaubwürdigkeit war sehr gering. Ich war pleite, schüchtern und hatte nur wenig Selbstbewusstsein. *Alle* meine Referenzen, die ich oben aufgezählt habe, kamen durch die Erfahrung und den Erfolg mit diesem einfachen Konzept.

Alles was ich als „Startkapital" in dieses Geschäft mitgebracht habe war, dass ich eine nette und ehrliche Person bin. Von Natur aus gehe ich Konfrontationen und Diskussionen mit anderen lieber aus dem Weg. Daher sind Druck ausüben und offensive Verkaufsstrategien nichts, was ich jemals tun wollte. Glücklicherweise sind sie in diesem Geschäft sogar kontraproduktiv. Ich bin sehr froh, ein Geschäft gefunden zu haben, bei dem die einzigen Voraussetzungen sind, nett und ehrlich zu sein und in aufrichtiger Weise eine bessere Zukunft aufbauen zu wollen.

Übrigens, ich bezeichne dies zwar als ein Geschäft, weil das Ergebnis der Bemühungen mit denen eines jeden anderen Geschäftes vergleichbar ist (Gewinn). Jedoch missfällt mir das Wort „Geschäft" sehr, denn es unterscheidet sich so sehr von dem, was die meisten Menschen üblicherweise unter einem Geschäft verstehen. Hier geht es um gute Beziehungen, den Wunsch, anderen Menschen zu helfen, Spaß zu haben, sich persönlich weiterzuentwickeln und sich in andere zu investieren. Und ja, es führt auch zu einem Einkommen. Es kann auch ein sehr hohes Einkommen werden, wenn Sie das möchten. Fakt ist aber, wenn Sie in diesem Geschäft so arbeiten, wie es gedacht ist, fühlt es sich nicht an wie ein *Geschäft*, denn es macht sehr viel Spaß und Freude.

Das führt mich zu meinem nächsten Punkt. Mir ist es wichtig, dass Ihnen dies bewusst ist: Sie besitzen schon alles, was Sie benötigen, um im Empfehlungs- bzw. Network Marketing großartige Erfolge zu erzielen. Sie sind einzigartig. Sie besitzen Ihre eigenen Talente, Gaben und Leidenschaften, sowie Erfahrungen und Wissen, das Sie sich im Laufe Ihres Lebens angeeignet und erworben haben. Die eigene Persönlichkeit bestmöglichst weiterzuentwickeln ist alles, was nötig ist. Sie brauchen keine bestimmten Fachkenntnisse, kein Training, keine Ausbildung oder sonstiges für dieses Geschäft. Sie besitzen schon alles, was Sie benötigen, um zu beginnen. Alles Weitere werden Sie lernen, indem Sie es tun.

In diesem Moment sind Sie nur Monate von einem dauerhaften Einkommen (später werde ich Ihnen das genau erklären) von 300 - 500 € pro Monat entfernt. Sie sind 3 - 5 Jahre – in Teilzeit – von einem Einkommen entfernt, das Ihr Leben vollkommen verändern kann. Mit etwas Glück kann es auch etwas schneller gehen und mit weniger Glück dauert es etwas länger. Ich selbst hatte selten Glück im Geschäftsleben und musste mir meist alles hart erarbeiten. Glück ist jedoch keine Voraussetzung, um mit diesem Konzept erfolgreich werden zu können. Arbeiten Sie nach dieser Methode, immer und immer wieder, bis Sie Ihr gewünschtes Ziel erreichen.

Es geht darum, immer wieder diese einfachen Schritte zu wiederholen, die den Empfehlungskreislauf in Gang setzen und am Laufen halten. Der Rest dieses kleinen Buches beschreibt, was man beachten muss, um damit außerordentlich erfolgreich zu werden. Während Sie diese Informationen lesen, werden Sie möglicherweise an manchen Stellen denken: „Kann es sein, dass das wirklich alles ist?" Ich kann diese Gedanken gut verstehen. Es ist wirklich so einfach, dass es kaum zu glauben ist. Aber so ist es. Die meisten wunderbaren Dinge im Leben *sind* einfach. Es sind die Menschen, die kompliziert sind und versuchen, viele Dinge noch unnötig zu verkomplizieren.

Menschen wie ich, die ein großes Einkommen haben, das auf Empfehlungen basiert, arbeiten nach diesem Muster einfach so lange, bis sie erfolgreich sind. Sie fragen nicht lange, ob es denn funktioniert. Sie wissen mit Sicherheit, dass es funktioniert, also tun sie es einfach. Was sie aber nicht wissen ist, welche Personen auch wirklich mitarbeiten möchten. Das Schöne an dieser Methode ist, dass man sofort erkennen kann, wer wirklich daran interessiert ist, ein besseres Leben zu leben – und auch bereit ist, dafür etwas zu tun. Auch Sie können diesen Weg gehen, wenn Sie diese

Prinzipien anwenden und aktiv werden. Egal ob Network Marketing, Empfehlungsmarketing, Affiliate Marketing, Direktvertrieb oder Freundschaftswerbung – die Grundsätze in diesem Buch können Sie auf alle diese Konzepte anwenden, denn der Arbeitsablauf ist immer gleich. Überhaupt können Sie das Kernkonzept dieses Buches auch bei jeder anderen Geschäftsart anwenden; es würden nur gewisse Anpassungen an die jeweilige Branche nötig sein.

Die Nachfrage ist riesig

Unsere Gesellschaft befindet sich in fortlaufendem Wandel. Wie sehen die heutigen Trends und Entwicklungen aus? Was ändert sich, wo liegen die Sehnsüchte und Wünsche der Menschen? Was meinen Sie? Die größten Wünsche sind: Mehr Selbstbestimmung, mehr Eigenverantwortung und Eigeninitiative, mehr Zeit & Geld, mehr Sicherheit, bessere Fitness und Wohlbefinden und gute Beziehungen.

Genau diese Bedürfnisse werden von Unternehmen, die Produkte über den Weg des Empfehlungsmarketing anbieten, angesprochen. Wellness-Produkte, die Menschen helfen, sich besser zu fühlen, mehr Energie zu haben und etwas für Prävention und Anti-Aging zu tun, eignen sich am besten für Empfehlungsmarketing. Darüber hinaus kommt natürlich die Einkommenskomponente und die soziale Komponente ins Spiel. Das bedeutet, dass Sie für all diese wesentlichen Bedürfnisse Lösungen anbieten können – und zwar in diesen drei Bereichen: Vitalität/ Wohlbefinden, Einkommen, positive soziale Kontakte.

Häufige Wünsche in der heutigen Zeit

In der heutigen Zeit können wir immer mehr den Trend zu mehr Eigeninitiative im Bereich Wellness bzw. Wohlbefinden beobachten. Menschen suchen aktiv nach gesunden Lösungen. In dem Maße, in dem die Gesellschaft besser über Wellnessthemen informiert ist, wird die Nachfrage nach qualitativ hochwertigen Produkten für das eigene Wohlbefinden zu einem guten Preis-Leistungs-Verhältnis steigen. Ein gesunder Körper, schöne Haut und Haare, Produkte für den Haushalt, usw. werden immer mehr in den Fokus der Menschen rücken. Die Nachfrage ist jetzt schon riesig und wird auf diesen Gebieten immer weiter wachsen.

Gleichzeitig wächst auch das Bedürfnis der Menschen an zusätzlichen, zuverlässigen Einkommensquellen. Täglich werden wir mit der Realität konfrontiert, dass eine Angestelltentätigkeit meistens keine langfristige, finanzielle Sicherheit mehr bietet. Der einzige Weg zu finanzieller Sicherheit ist, ein gewisses Maß an Kontrolle zu haben; und genau das können wir in diesem Geschäft selbst steuern und beeinflussen.

Die Bandbreite reicht von der Altersversorgung und -vorsorge, der Finanzierung der Schul-, Aus- und Weiterbildung, bis zu einfach mehr Geld für das, was man gerne machen und besitzen möchte. Eine Vergütung, die man aufgrund von Empfehlungen erhält, ist der perfekte Weg für eine alternative Einkommensquelle. Der große Vorteil liegt darin, risikolos und ohne Investitionen, nach eigenem Zeitplan und Tempo, dieses Einkommen aufzubauen. Sie können das Ganze so groß aufbauen, wie Sie möchten, und es ist vom Grundsatz her ab einem bestimmten Punkt ein wiederkehrendes Einkommen.

Residuales oder wiederkehrendes Einkommen ist eine Art Einkommen, welches nicht immer wieder von Neuem Ihren direkten Einsatz bedarf. Die meisten Menschen sind es gewöhnt, ihre Zeit gegen Geld zu tauschen (Gehalt). Wenn sie nicht arbeiten, verdienen sie auch nichts. Dieses lineare Einkommen bezeichne ich jetzt zum besseren Verständnis als „aktives" Einkommen, weil es kontinuierliche Aktivitäten erfordert. Ein Einkommen aus dem Empfehlungs- bzw. Network Marketing erhalten Sie zu Beginn ebenfalls nur aktiv, indem Sie direkte Empfehlungen aussprechen und interessierten Menschen zeigen, wie diese auch selbst empfehlen können. Nach gewisser Zeit werden Ihre Partner selbstständig bestellen und empfehlen, auch ohne Ihre unmittelbare aktive Beteiligung. Ab diesem Zeitpunkt profitieren Sie von einem residualen Einkommen. Es ist vergleichbar mit einem Einkommen aus Lizenzgebühren. Ein Beispiel: Ein Autor schreibt einmalig ein Buch, wofür er bei jedem Verkauf eine Vergütung erhält, obwohl die aktive Arbeit schon viele Jahre her sein kann.

Wenn Sie im Empfehlungsmarketing einen Kunden haben, der ja durch Ihre Empfehlung selbst direkt beim Hersteller Produkte bestellt, bekommen Sie jedes Mal einen Bonus (Honorar) von der Firma, wenn der Kunde dort bestellt – und das nicht nur bei der ersten Bestellung, sondern auch wenn Ihre (aktive) Empfehlung schon länger zurück liegt. (Ich habe noch viele Kunden aus meiner ersten Zeit im Empfehlungsmarketing vor über 18 Jahren, die heute noch monatlich ihre Produkte bei diesem Hersteller beziehen.)

Die Tätigkeit im Detail ist zwar etwas umfangreicher, aber dies ist die Idee, die dahintersteht. Wenn Sie eine breite Kundenbasis aufgebaut haben, die diese Produkte nutzen und auch weiterempfehlen, erhalten Sie weiterhin Empfehlungsprovisionen – Monat für Monat – ungeachtet davon, an wie viele neue Leute Sie im Moment aktiv Empfehlungen aussprechen. Wenn Ihre Geschäftsbasis groß genug ist, gewinnen Sie durch diese Einkommensart die Freiheit, Ihre Zeit nach Ihren Wünschen gestalten zu können.

Unterschiedliche Arten, Geld zu verdienen

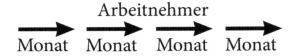

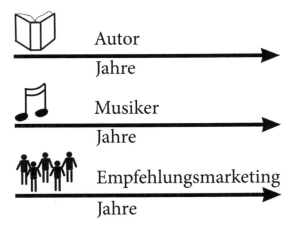

Das dritte Bedürfnis: Positive Beziehungen untereinander sind grundsätzlich eine Voraussetzung für ein erfülltes Leben. Der Mensch ist ein soziales Wesen. Wir sind gerne mit Menschen zusammen, besonders mit denen, die wir wertschätzen und die uns durch ihre Anwesenheit ein gutes Gefühl vermitteln. Die Menschen, die sich in diesem Geschäftsfeld engagieren, sind in der Regel lebensbejahend, motiviert und vorausschauend. Sie kümmern sich aufrichtig um die Belange anderer und möchten einen Unterschied im Leben des anderen bewirken. Im Wesentlichen macht es ihnen Freude, anderen durch ihre Unterstützung zu helfen (hmmm, mich würde interessieren, ob Ihre Arbeitsbedingungen auch ähnlich sind ...).

Die Hauptaufgabe im Empfehlungsmarketing ist, zuerst anderen zu helfen. Wenn Sie anderen helfen, Ziele zu erreichen, werden auch Sie alles bekommen, was Sie gerne hätten.

Die Bremse in uns selbst

Dieser Geschäftsaufbau ist ein simpler Prozess, und auch die Art und Weise ist einfach, aber das bedeutet nicht, dass Sie keine Hürden überwinden müssen. In dem Moment, in dem Sie sich entscheiden, ein beliebiges Ziel in Ihrem Leben zu erreichen, werden Sie auch auf Hindernisse treffen. Dies trifft ebenso auf die Entscheidung zu, eine Straße zu überqueren, als auch auf die Durchführung eines großen Projekts. Je größer die Ziele sind, desto größer sind die Hürden. Es ist ganz natürlich, dass Sie Herausforderungen zu bewältigen haben, wenn Sie ein lebenslanges Einkommen in dieser Branche aufbauen möchten. Diese können Sie aber im Laufe der Zeit leicht bewältigen. Es gibt hauptsächlich drei Herausforderungen: Geduld mit sich selbst, eine funktionierende Zeiteinteilung, und die Bereitschaft die Bedürfnisse anderer vor die eigenen zu stellen.

Zeiteinteilung wird die erste Herausforderung sein, die Sie zu meistern haben. Der heutige moderne Lebensstil ist schnelllebig, und die meisten fühlen sich ausgelastet. Und nun sollen Sie auch noch Zeit für eine zusätzliche Aufgabe finden. Ein Hauptmerkmal des Empfehlungsmodells ist, dass das Partnerunternehmen alle zeitaufwändigen Aufgaben, wie Bestellannahme, Versand, Zahlungsabwicklung und Logistik für Sie übernimmt. Ihre Aufgabe ist es, mit anderen auf die richtige Art und Weise zu kommunizieren und bei deren Bestellung und ggf. deren Geschäftsaufbau zu helfen. Dies ist bereits mit ein paar Stunden pro Woche – auf regelmäßiger Basis – zu erreichen. Mentoren stehen Ihnen bei Bedarf mit

Rat und Tat zur Seite und helfen Ihnen, Ihre Arbeitsabläufe effektiv zu organisieren. Das ist eine einfach zu bewältigende Aufgabe, die Sie auf diese Weise gut in Ihren Alltagsplan einbauen können.

Eine etwas größere Aufgabe ist es, mit sich selbst Geduld zu haben. Ihre Geduld wird abhängig sein von Ihrer derzeitigen Persönlichkeitsentwicklung und von Ihrem Wunscheinkommen. Während dieses Prozesses werden Sie sehr viel an persönlichem Wachstum erfahren. Aber es ist auch verständlich, dass man möglichst schnell ein Experte auf allen Gebieten im neuen Geschäft sein möchte. Die Entwicklung der notwendigen Fähigkeiten braucht natürlich etwas Zeit und entsteht durch ständige Wiederholung. Der einzige Weg zu lernen ist, es immer wieder zu tun. Aber glücklicherweise braucht man mit dieser Methode keine Fachkenntnisse, um erfolgreich zu werden. Ich werde Ihnen die einzelnen Schritte zeigen, wie Sie erfolgreich Erfahrungen gewinnen. In seltenen Fällen, in denen Sie mehr Informationen oder Branchenerfahrung brauchen, haben Sie genügend Mentoren an Ihrer Seite, die Sie um Unterstützung bitten können. Das erleichtert Ihnen die Arbeit nochmals erheblich.

Eine andere Herausforderung der Geduld ist der natürliche Wunsch, sofort Erfolge erleben zu wollen. Es gibt jedoch *nichts* von dauerhaftem Wert, was zufällig und über Nacht entsteht. Die Gier nach schnellem Erfolg hat schon viele Menschen in den Ruin getrieben (Ich musste selbst Lehrgeld bezahlen!). Befolgen Sie diesen Ratschlag, und Sie werden Schritt für Schritt ein dauerhaftes Einkommen für ein ganzes

Leben aufbauen. Diese Methode hat sich schon lange erfolgreich bewährt. Wenn Sie jedoch diese Ratschläge ignorieren und eine Abkürzung suchen, werden Sie wahrscheinlich in 20 Jahren noch auf die magische Lösung warten.

Für die meisten von uns ist es eine große Herausforderung, sich zuerst auf den anderen zu konzentrieren. Unsere menschliche Natur lässt uns instinktiv zuerst an uns selbst denken. Wenn Sie anderen diese Möglichkeit anbieten, ist es natürlich, dass Sie an *Ihre* Vorteile zuerst denken. Das ist ein großer Fehler. Menschen spüren, wenn Sie nur zu Ihrem eigenen Vorteil etwas anpreisen. Wir tun das niemals! Machen Sie sich bewusst – es gibt genügend Menschen, die nach neuen Möglichkeiten suchen. Ihre Gesprächspartner müssen bei Ihrem Angebot sofort erkennen können, inwiefern die Produkte oder das Empfehlungsmodell für sie selbst einen entscheidenden Vorteil bringen. Jedoch ist es gänzlich deren Entscheidung, wie sie ihre Bedürfnisse erfüllen möchten. *Sie* sind einfach nur der Überbringer neuer Möglichkeiten. So kreieren Sie mit allen Ihren Gesprächspartnern eine entspannte Atmosphäre ohne Druck für beide Seiten.

Ihr Ziel ist es, einfach nur zu erzählen, welche Vorteile Ihr Angebot hat. Mit Hilfe dieser Methode werden immer diejenigen, für die es jetzt der richtige Zeitpunkt ist zu handeln, aktiv werden – andere zu einem späteren Zeitpunkt. Die Philosophie dabei ist: Wenn Sie genügend Menschen helfen, deren eigene Bedürfnisse zu erfüllen, bekommen Sie auch das, was Sie wollen. Sie werden sehen, diese Methode funktioniert – Sie müssen sie nur Schritt für Schritt befolgen. Dann werden sich auch die richtigen Leute zum richtigen Zeitpunkt zu erkennen geben.

Gedanken zum Umgang mit Angst

Vielleicht wundern Sie sich, dass ich im vorigen Kapitel nicht *Angst* als Hinderungsgrund erwähnt habe. Dabei kann Angst vor Misserfolg oder Kritik, sowie Angst vor Zurückweisung und Ausgrenzung sehr ausgeprägt sein. Der Grund ist einfach. Die Angst, die uns davon abhält, ein Einkommen durch Empfehlungen aufzubauen, ist eine durch frühere Erfahrungen (in der Kindheit und Jugend) angelernte Angst, die man ausschalten kann, wenn man versteht, woher sie genau kommt – und dann handelt!

Betrachten Sie einmal die Art und Weise, wie ein Kind lernt. Alles, vom Stehen, Gehen und Laufen lernen, Fahrrad fahren, Ski fahren und Skaten, bis hin zum Lesen, Schreiben, Rechnen, führt durch eine Serie von anfänglichen Misserfolgen. Als Kind fürchtet man sich aber nicht vor Misserfolgen. Von Natur aus versuchen sie es immer und immer und immer wieder, bis sie es können, um dann die nächste Herausforderung zu meistern. Kinder bleiben bis zum Erfolg an einer Sache dran, denn ein mögliches Scheitern ist in ihrem Geiste gar nicht vorhanden.

Kinder kennen von Natur aus keine Angst vor Kritik, bis sie kritisiert werden. Als Kleinkind werden sie von ihren Eltern immer wieder zum Weitermachen ermutigt. Wenn sie älter werden und die Fremdeinflüsse zunehmen, spüren sie plötzlich, wie sie von anderen bei ihren Unternehmungen kritisiert werden. Diese Erfahrung ist emotional sehr schmerzvoll. Ab diesem Zeitpunkt werden sie versuchen, alles zu tun, um Kritik zu vermeiden. So entwickelt sich die Angst vor Kritik.

Angst vor Zurückweisung ist auch eine rein angelernte Verhaltensweise. Wie oft fragt Sie ein Kind nach einem Keks? So lange, bis es einen bekommt! Sie können 20 mal nein sagen, aber das Kind fragt Sie immer wieder, und letztendlich bekommt es dann einen Keks.

Alle wertvollen Dinge in unserem Leben erfordern Lernprozesse und Beharrlichkeit. Allzu leicht lässt man sich durch andere Meinungen beeinflussen. Manche Kritiken sind konstruktiv, aber die meisten Kritiker möchten nur ihre eigene Unwissenheit und Begrenztheit auf uns projizieren. Ärgern Sie sich nicht darüber. Sie können sie nur bedauern, weil sie dadurch ihrer eigenen Lebensqualität schaden. Es wird immer Kritiker geben, die Sie entmutigen wollen. Angst vor diesen Gegebenheiten zu haben würde bedeuten, dass Sie diese Lektionen noch nicht gelernt haben.

Vielleicht haben Sie aufgrund dieser Angst sogar schon großartige Gelegenheiten in Ihrem Leben verpasst (mir ging es jedenfalls so, bevor ich diese Lektion gelernt habe). Das führt zu schmerzhaftem Bedauern, wenn Ihnen später bewusst wird, dass Sie ohne Angstgefühle viele Dinge im

Leben hätten bewältigen können. Oft trauert man ein Leben lang einer nicht genutzten Möglichkeit nach. Die Angst verschwindet, wenn man genau das tut, wovor man sich fürchtet. Wenn Sie immer vor Ihren Ängsten davon laufen, werden Sie nie das erreichen, wonach Sie sich sehnen. Schauen Sie hin und fragen Sie sich: Wo kommt diese Angst her? Das bloße Hinschauen und Bewusstwerden reicht schon aus und gibt Ihnen eine neue Perspektive. Vielleicht können Sie ab nun in solchen Situationen über sich selbst schmunzeln und trotz Angst handeln.

Lassen Sie nicht weiter zu, dass Sie Ängste an Ihrem Erfolg hindern, den Sie aufgrund Ihrer Fähigkeiten haben könnten!

Und hier ist meine Starthilfe: Die Methode, die ich Ihnen in diesem Buch näher bringen möchte, führt nur selten zu Ablehnung und Kritik, wie Sie noch erfahren werden.

Noch ein letzter, wahrscheinlich auch der wichtigste Gedanke zum Thema Angst: *Angst in diesem Zusammenhang bedeutet, dass wir auf uns selbst fokussiert sind.* Diese Ängste können Sie nur dann spüren, wenn Sie nur an sich selbst denken. Wenn Sie sich Sorgen machen über das, was andere über Sie denken oder sagen würden, oder ob sie zu Ihrem Angebot *nein* sagen könnten... diese Gedanken drehen sich alle nur um Sie selbst (als ich diesen Angstmechanismus durchschaut hatte, war es für mich plötzlich leicht, mit anderen Menschen zu sprechen).

Der Schlüsselfaktor in diesem Prozess ist, dass es sich in diesen Gesprächen immer zuerst um die Bedürfnisse Ihres *Gegenübers* dreht. Sie zeigen lediglich dem anderen eine

Möglichkeit, wie er sein Leben verbessern könnte. Genau genommen verteilen Sie Geschenke durch Ihre Gespräche! Sollte Ihr Gesprächspartner jedoch nicht daran interessiert sein, ist es dessen eigene Entscheidung, und Sie müssen es respektieren. Sie haben Ihre Aufgabe erfüllt, mehr können Sie nicht tun. Sollte bei Ihren nächsten Gesprächen immer noch Angst aufkommen, so erinnern Sie sich bei Ihren Empfehlungen einfach an dieses Kapitel und fokussieren Sie sich auf die Bedürfnisse des anderen.

Grundlegende Verhaltensregeln

Im persönlichen Umgang mit anderen Menschen ist Aufrichtigkeit eine absolute Notwendigkeit für gute Beziehungen. Dies ist im Geschäftsbereich ebenfalls ein wichtiger Aspekt. Menschen wollen nur Geschäfte mit Personen machen, die sie mögen und denen sie vertrauen. Natürlich setzt es voraus, dass Sie etwas Nützliches anzubieten haben, das am Markt konkurrenzfähig ist. Ich habe mein Geschäft auf genau diesen Grundwerten aufgebaut. Die wichtigsten Verhaltensweisen für einen anhaltenden Erfolg sind Freundlichkeit, Ehrlichkeit und Respekt. Stellen Sie die Bedürfnisse der anderen in den Vordergrund und setzen Sie niemals jemanden unter Druck. Im Folgenden werden Sie erkennen, dass diese grundlegenden Verhaltensregeln und Prinzipien aus zwei ganz bestimmten Gründen sehr wichtig für den Aufbau Ihres Geschäftes sind.

Der erste Grund ist, dass sich Menschen wohl und ungezwungen fühlen müssen, damit sie sich für etwas Neues öffnen können. Es ist nicht unsere Aufgabe, sie von etwas überzeugen zu müssen. Der Bedarf an Produkt-Lösungen und finanziellen Lösungen ist sowieso groß. Menschen müssen nicht davon überzeugt werden, dass sie Lösungen für Probleme brauchen. Aber sie brauchen eine angenehme Atmosphäre, um Ihr Angebot anzuschauen und zu entscheiden, inwieweit es ihren Vorstellungen entspricht. Ihre Interessenten müssen es auf ihre Weise entdecken können. Wenn für diese der richtige Zeitpunkt gekommen ist, die eigenen Ziele zu realisieren und Ihre Interessenten Sie in guter Erinnerung haben, werden sie auf Ihr Angebot zurück kommen. Fühlen sie sich aber während des Gesprächs bedrängt oder unter Druck gesetzt, werden sie eine Verteidigungshaltung einnehmen und sich nicht mehr auf Ihr Angebot konzentrieren. Nur wenn sie sich geborgen und wohl fühlen, werden sie sich wirklich für Ihre Informationen interessieren können. Auch wenn sie Ihr Angebot im Moment nicht annehmen, müssen sie das Gefühl haben, dass das für Sie auch völlig in Ordnung ist.

Der zweite Grund bezieht sich darauf, wie *Sie* sich mit dieser Methode fühlen. Wenn diese für Sie angenehm ist, Spaß macht und Erfüllung bringt, möchten Sie so oft wie möglich Ihre Zeit dafür verwenden. Es liegt in der menschlichen Natur, sich hauptsächlich damit zu beschäftigen, was besonders angenehm ist. Wie wäre es, sich entspannt und ungezwungen zu unterhalten, mit dem möglichen Resultat, dass Ihr Gesprächspartner ein besseres Leben hat, und Sie haben dazu beigetragen? Das ist ein grandioses Gefühl!

Wenn Sie also die andere Person nicht unter Druck setzen und nicht überzeugen wollen, nimmt es nicht nur den Druck von dieser Person, sondern auch von Ihnen. Sie brauchen sich keine Sorgen machen, ob Ihre Präsentation perfekt ist oder ob Sie die passenden Worte zur richtigen Zeit sagen. Sie werden dem anderen einfach nur eine Tür öffnen – durch ein angenehmes Gespräch. Das ist nicht schwer.

Noch nicht

Wenn Sie diese Methode, die Sie gerade erlernen, konsequent anwenden, werden Sie kein *nein* zu hören bekommen, eventuell nur ein *noch nicht*. Erinnern Sie sich, die Nachfrage ist riesig. Jeder, mit dem Sie sprechen, hat einen Bedarf, für den Sie eine Lösung haben. Die Frage ist nur, ob derjenige schon bereit ist, an seinen Lösungen zu arbeiten. Wenn Sie Ihren Gesprächspartner richtig behandeln und er trotzdem *nein* zu Ihren Vorschlägen sagt, dann meint er in Wirklichkeit *jetzt noch nicht*. Früher oder später, wenn für ihn der richtige Zeitpunkt gekommen ist, werden Sie erreichbar sein, da Sie auf die richtige Weise in Kontakt geblieben sind.

Der einzige Zeitpunkt, an dem das Wort *nein* ins Spiel kommen sollte, ist, wenn jemand *Sie* unfair behandelt. Sie sind freundlich und bieten Menschen eine Möglichkeit, sich selbst zu helfen. Wenn diese misstrauisch sind, dann können Sie das respektieren. Wenn sie skeptisch sind, dann können Sie das respektieren. Wenn sie noch nicht bereit sind, an ihren Lösungen zu arbeiten, dann können Sie das respektieren. Aber wenn sie unfreundlich, garstig, unverschämt oder respektlos sind oder anderweitig unschön sich Ihnen gegenüber verhalten, dann müssen Sie das *nicht* respektieren. *Sie* können dann in diesem Fall *nein* sagen. Sie können entscheiden, dass Sie diese Person in Zukunft nicht mehr unterstützen werden. Zum Unterschied: An Ihrem Arbeitsplatz bestimmt Ihr Chef, mit wem Sie zusammenarbeiten müssen. Aber hier ist es *Ihr* eigenes Business. Sie können arbeiten, mit wem Sie möchten. Es gibt genügend Menschen, die Ihre Hilfe gerne in Anspruch nehmen würden. Suchen Sie sich die netten Menschen aus.

Die Methode – Schritt für Schritt

Nun zeige ich Ihnen, wie Sie ein Geschäft für das ganze Leben aufbauen können, bis zu der Größe, die Ihren Vorstellungen entspricht. Es ist wirklich einfach durchzuführen. Einfach soll jedoch nicht heißen, dass man wenig bis nichts tun muss, um Erfolg zu haben. Ich meine damit, dass die einzelnen Schritte einfach sind, wenn man sie regelmäßig durchführt. Ist es im Gegensatz dazu nicht viel anstrengender, ein Leben lang für andere Menschen zu arbeiten? Körperlich zu arbeiten ist hart. Mit unfreundlichen Menschen, im engen Umfeld oder am gleichen Projekt arbeiten zu müssen, ist hart. Einen Job annehmen zu müssen, der Sie nicht erfüllt und den Sie nicht leidenschaftlich gerne ausführen, ist hart. Im Vergleich dazu ist dieses Geschäft unglaublich einfach. Aber um erfolgreich zu werden, erfordert es kontinuierliche Aktivitäten über einen längeren Zeitraum. Die Methode besteht einfach nur aus einem Gespräch (einer Konversation) mit Menschen und besteht aus vier Schritten, die man immer und immer wieder wiederholen muss:

Kontaktieren, Informieren, Kontakt halten (Follow up) und Betreuen (Service).

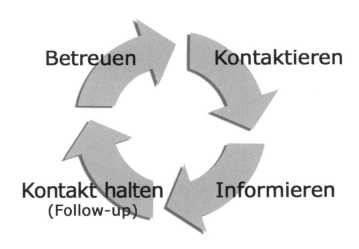

Die Kontaktaufnahme beginnt mit dem ersten Gespräch und endet nur, wenn Sie diese Entscheidung treffen oder feststellen, dass Ihr Gesprächspartner nicht freundlich ist. Diese Schritte sind angenehm, und Sie können damit nicht scheitern, wenn Sie meine folgenden Erkenntnisse umsetzen. Die Methode wirksam anzuwenden heißt nicht, dass Sie über alle Details Ihres Angebots Bescheid wissen müssen. Ihr Faktenwissen ist nicht annähernd so bedeutsam, wie Ihr Verhalten und Ihre innere Überzeugung.

Das 80/20 - Phänomen

Es liegt in der Natur der Sache, dass ungefähr 20% der Menschen einer Gemeinschaft oder Organisation die echten Macher sind. Diese Personen erwirtschaften 80% der Ergebnisse. Wenn man dieses naturgegebene Phänomen auf „Die Methode" anwendet, dann bedeutet dies, dass wenn 10 Personen prinzipiell nach Lösungen suchen, nur 2 von ihnen zum jetzigen Zeitpunkt auch wirklich bereit sind, aktiv das Problem bzw. die Herausforderung anzugehen. Wenn also 10 Personen Ihr Angebot gut gebrauchen *könnten*, sind nur 2 davon bereit, dieses auch anzunehmen und umzusetzen. „Die Methode" hilft Ihnen, auf einfache Weise die 10 zu sortieren und die 2, die bereit sind zu finden. Versuchen Sie nicht, die anderen 8 dazu zu bewegen, ebenfalls aktiv zu werden! Diese Personen sind *noch nicht* bereit. Wenn Sie die anderen 8 überzeugen wollten, dann würden Sie versuchen, gegen dieses natürliche Phänomen zu arbeiten. Nutzen Sie lieber „Die Methode", um die 2, die *jetzt* bereit sind, zu finden.

Kontaktieren

Kontaktieren ist der erste Schritt, bei dem Sie einfach jemanden einladen, mehr über Ihr Angebot zu erfahren. Bei diesem Erstgespräch ist es viel wichtiger, *wie* Sie etwas sagen, als *was* Sie sagen. Mit jemandem in Kontakt zu treten ist ja lediglich der erste Schritt dieser fortlaufenden Konversation.

Darum ist es wichtig, wie Sie im Kapitel „Grundlegende Verhaltensregeln" gelesen haben, dass Sie nett, ehrlich und respektvoll sind, gezielt auf die Bedürfnisse des anderen eingehen und niemals jemanden unter Druck setzen. Damit Sie die Kraft dieser Vorgehensweise besser begreifen, möchte ich im folgenden den Unterschied zwischen einer Arbeitsweise mit und ohne Druck aufzeigen.

Druck

Angenommen Sie sprechen mit zehn Personen. Wenn Sie diese mit einer übertrieben euphorischen Ansprache überrollen, werden acht von zehn Personen nicht an Ihrem Angebot interessiert sein. Menschen sind es Leid, durch aufdringliche Taktiken bedrängt zu werden. Und durch ein solches Verhalten werden sie wieder an ähnliche Erfahrungen aus ihrer Vergangenheit erinnert. Egal wie groß deren Bedürfnisse sind, sie wollen sich nicht länger mit Ihnen unterhalten. Da sie sich durch Ihre Ansprache bedrängt fühlten, werden sie Ihnen auch in Zukunft kein offenes Ohr mehr schenken. Das größere Problem dabei ist jedoch, dass Sie nicht nur diese acht Personen vergrault haben, sondern zusätzlich auch noch deren unmittelbaren Bekanntenkreis. Menschen sprechen mit ihren engsten Freunden und in der Familie über Dinge, die sie unangenehm finden. Negative Nachrichten verbreiten sich viel schneller und ziehen weitere Kreise als positive.

Diese Personen werden sich im Durchschnitt mit zehn oder mehr Menschen über Ihre unangenehme Gesprächsführung unterhalten. In Summe sind nun 80 Menschen zusätzlich in Ihrem potentiellen Markt, die Sie abgeschreckt haben. Wer Menschen mit Druck beeinflussen möchte, muss ferner exakt die passenden Worte zur exakt richtigen Zeit gebrauchen, denn es ist eine Art der Manipulation. Dadurch gerät er selbst unter Druck. Ich erinnere mich noch gut an das Training bei meinem ersten Start bei einer Network-Marketing Firma. Es ging nur um Druck und übertriebene Euphorie. Das war so unangenehm für mich, dass ich dieses Geschäft gar nicht machen wollte. Ich versuchte es trotzdem, konnte es aber nicht auf diese Weise tun, sondern machte es auf meine Art, freundlich und höflich. Jetzt dürfen Sie raten - es hat funktioniert!

Zurück zum ersten Beispiel: Zwei Menschen möchten trotzdem mehr über Ihr Angebot erfahren. Warum wollen sie das, obwohl sie von Ihnen Druck gespürt haben? Weil deren Notlage so prekär ist, dass sie trotzdem bereit sind, sich mit Ihnen zu treffen, obwohl Sie sie auf die falsche Weise angesprochen haben! Höchstwahrscheinlich wird eine der beiden Personen (nach dem Gesetz des Durchschnitts) Ihr Angebot annehmen, da deren Notlage groß ist und Sie zum richtigen Zeitpunkt etwas angeboten haben. Der- oder diejenige wird sogar sofort mitmachen, da die Anwendung von Druck auch eine schnelle Entscheidung hervorruft. Während Sie nun eine Person gefunden haben, die sofort eingestiegen ist, haben Sie die Tür für ungefähr 100 andere Personen für immer geschlossen. Dies ist kein gutes Geschäftsmodell für dauerhaften Erfolg im lokalen Umfeld.

Ohne Druck

Die Vorgehensweise ohne Druck ist leicht durchzuführen und bewirkt sowohl einen viel größeren anfänglichen Erfolg, als auch auf Dauer gute Ergebnisse. Wenn Sie diese 10 Personen ohne Druck ansprechen und darauf achten, dass sich die Interessenten wohl fühlen und unverbindlich mehr darüber erfahren können, dann werden fünf bis sieben gerne den nächsten Schritt gehen und Ihr Angebot kennen lernen wollen. Die Menschen, die zu Ihrem Angebot *nein* sagen, bleiben dennoch in Ihrer Pipeline (Pipeline meint alle Ihre bisherigen Kontakte und Ihre Namensliste). Obwohl diese Personen anfangs nein sagten, bleiben Sie in Ihrer Kontaktdatenbank, um zu einem späteren Zeitpunkt kontaktiert zu werden.

Da Ihre Art und Weise des Kontaktierens angenehm war, ist ein erneuter Kontakt problemlos möglich und somit schließt sich die Tür für diese Kontakte nicht für immer. Diese Menschen werden sich immer daran erinnern, dass Sie freundlich zu ihnen waren und sie nicht unter Druck gesetzt haben, und sie werden offen sein für weiteren Kontakt in der Zukunft. Machen Sie sich bewußt, dass sich Dinge im Leben dieser Personen ändern können. Ich erinnere mich an jemanden, den ich alle sechs Monate vier Jahre lang anrief und er immer nein („noch nicht") sagte. Eines Tages sagte er „Ich denke, ich möchte etwas darüber erfahren". Es endete damit, dass ich ihn sponserte (Anm.: Sponsern im Empfehlungsmarketing bedeutet einfach, einen neuen Kunden bzw. Geschäftspartner in das eigene Team aufzunehmen). Solche Dinge geschehen ständig, und oftmals rufen die Leute sogar mich an.

Das unmittelbare Ergebnis dieser Art Unterhaltung wird mindestens so „gut" sein wie mit Druck und wahrscheinlich besser. Was ich damit meine ist, dass die Person, die unter Druck ja sagen würde, auch ohne Druck ja sagen würde, weil sie bereit ist zu handeln und in ihrem Leben etwas zu verändern. Darüber hinaus stehen die Chancen noch viel besser, mindestens eine Person mehr sofort zu sponsern, weil sie bereit wäre zu handeln, aber ein Kontaktieren mit Druck einen Termin verhindert hat!

Die Personen, die nicht ja gesagt haben, kommen in Ihre Pipeline für später. Mit der Zeit werden Sie mehr von diesen Personen sponsern. Wie das geschieht, erfahren Sie in den nächsten Schritten dieser Methode.

Der Wohlfühlfaktor

Achten Sie immer darauf, dass Ihr Gesprächspartner sich entspannen kann, indem ihm bewusst ist, dass es ein unverbindliches Informationsgespräch ist. Dies geschieht hauptsächlich dadurch, *wie* Sie etwas sagen. Folgendes ist wichtig: Seien Sie selbst entspannt. Es braucht keine Mega-Euphorie und keine Übertreibungen. Im Gegenteil. Vermutlich wurde Ihr Zuhörer schon früher auf diese Weise bedrängt, und er würde unmittelbar eine Abwehrhaltung einnehmen. In Ihrer Kontaktansprache sollten daher unbedingt Sätze wie „Wenn es nichts für Sie ist, ist es kein Problem" oder „Es ist o.k., wenn es nicht das richtige für Sie ist" oder „Ich möchte, dass Sie wissen, dass Sie jederzeit *nein* sagen können" enthalten sein.

Ihr Gesprächspartner muss erkennen können, dass es Ihr Anliegen ist, andere zu informieren, weil Sie selbst so gute Erfahrungen mit dieser Sache gemacht haben und weil es folglich auch anderen helfen könnte (benutzen Sie das Wort „erfahren"... „Wären Sie interessiert (offen /bereit), mehr darüber zu erfahren"). Das Wichtigste ist, dass Sie etwas gefunden haben, was Ihnen viel bedeutet und was auch dem anderen helfen könnte. Aber wenn der andere es anders sieht, respektieren Sie dies natürlich. Ihr Interessent weiß nun davon und kann nun selbst entscheiden (im Bonuskapitel 2 finden Sie weitere Anregungen zum Kontaktieren).

Informieren

Beim Kontaktieren haben Sie herausgefunden, ob jemand interessiert daran ist, mehr über Ihr Angebot zu erfahren. In dieser nächsten Stufe des Informationsprozesses erfährt Ihr Interessent genug, um zu entscheiden, ob er ernsthaft zu diesem Zeitpunkt daran interessiert ist. Sicher haben Sie Zugang zu mehreren hervorragenden Informationswerkzeugen und Präsentationsmaterialien. Jedoch ist das effektivste „Material" an diesem Punkt Ihre eigene Geschichte. Wie ich schon zuvor betont habe, müssen Sie nicht *alles* über Ihr Angebot wissen, um dieses erfolgreich weiterempfehlen zu können. Ich sponserte bereits viele Personen, bevor ich genau über die Produkte und den Marketingplan bescheid wusste. Wie schon erwähnt, ist der Bedarf in diesem Bereich heutzutage groß. Helfen Sie der anderen Person zu erkennen, dass dies eine Möglichkeit für sie sein könnte. Wenn Ihr Gesprächspartner dies in Betracht zieht, wird er Sie nach bestimmten Informationen fragen, die für seine Entscheidung wichtig sind.

Das Informationsgespräch beginnt mit Ihrer Geschichte. Es ist ein großes Missverständnis, dass es eine dramatische Mega-Erfolgsgeschichte sein muss, um gut zu wirken. Nichts könnte weiter von der Wahrheit entfernt sein als diese Annahme. Sie werden sehen: Je größer und dramatischer eine Geschichte ist, desto weniger können andere Menschen sich damit identifizieren. Es gibt noch einen anderen grundlegenden Punkt, den Sie verstehen müssen! Wenn Menschen einer Geschichte zuhören, bewerten sie nicht, was an der Geschichte wahr oder falsch sein könnte, wie sie es im Gegensatz dazu bei einer formellen Präsentation machen. Sie sehen diese Geschichte lediglich in ihrer eigenen Vorstellung und nehmen *emotional* daran Anteil. Perfekt strukturierte Präsentationen hingegen, die Interessenten überzeugen sollen, bringen die Zuhörer in eine Verteidigungshaltung. Der Vortragende ist dadurch in der Position, seine Fakten beweisen zu müssen. Nur Profipräsentierer haben mit solchen Präsentationen Erfolg.

Was ich Ihnen nun beibringen werde, wird Ihnen ermöglichen, auf lange Sicht erfolgreicher zu sein, ohne jemals ein Profi im Präsentieren werden zu müssen. Anhand des Aufbaus einer Geschichte werde ich dies erläutern.

1. Der erste Punkt Ihrer Geschichte sollte die Beschreibung eines Problems sein, das Sie lösen wollten. Laut Definition muss ein Problem nicht negativ sein (obwohl es viele so sehen). Ein Problem ist etwas, das Sie zu lösen versuchen. Mehr Energie haben zu wollen ist ein Problem, besseres Essen haben zu wollen ist ein Problem, genug Geld zu haben, um in den Ruhestand zu gehen, ist ein Problem, und ein Haus am Strand besitzen zu wollen ist ein Problem. Allgemein gesagt ist ein Problem ein unerfüllter Wunsch. Der Punkt hier ist, dass jeder Probleme hat, die er lösen möchte. Der Bedarf ist groß. In dem Moment, in dem Sie Ihr Problem und Ihre Lösung Ihrem Zuhörer mitteilen, versetzt sich dieser in Ihre Geschichte und beginnt automatisch zu überlegen, welche Probleme er selbst

gerne lösen würde. Jeder hört allem aus der Perspektive „Was kann es *mir* bringen" zu. Während Sie Ihr Problem erwähnen, beginnt Ihr Gesprächspartner zu überlegen, ob Ihre Lösung auch seine sein könnte.

2. Der nächste Teil Ihrer Geschichte sollte der Weg sein, den Sie gegangen sind, um das Problem zu lösen. Berichten Sie von verschiedenen Dingen, die Sie ausprobiert haben, die aber nicht funktionierten und wie Sie sich dabei gefühlt haben. Lassen Sie diesen Teil nicht weg, denn er bildet das Gerüst Ihrer Geschichte. Denken Sie zum Beispiel an einen Film. Die ersten zehn Minuten handeln von einem Problem, und im restlichen Film geht es um den Weg, dieses Problem zu lösen. Die Person, der Sie Ihre Geschichte erzählen, wird Ihre Mühen auf Ihrem Weg gut nachempfinden können, denn im Geiste ist sie auf ihrem eigenen Weg, ihr eigenes Problem zu lösen.

3. Nun ist es Zeit zu zeigen, wie Sie von dieser Lösung erfahren haben. Beschreiben Sie, wie jemand Ihnen davon erzählt hat, während Sie auf Ihrer Lösungssuche waren. Dies macht deutlich, dass eine andere Person für Sie der Schlüssel zu dieser Sache war. Ich brauche hier nicht zu erwähnen, dass beim Erzählen dieser Geschichte Ihr Zuhörer in der gleichen Situation ist, wie Sie damals, als Sie davon erfahren haben ;-).

4. Erzählen Sie nun, inwiefern dieses Angebot eine Lösung für Sie war. Nennen Sie hier auch die Hauptfaktoren, die dieses Angebot für Sie so besonders machten. Dies ist ein Hauptunterschied gegenüber einer Präsentation von Informationen. Sie wissen ja, wenn Sie eine Präsentation geben und sagen „und was unser Unternehmen auszeichnet, ist, dass wir das, das und das haben", liefern Sie reine Informationen. Aber indem Sie beschreiben, wie Sie sich gefühlt haben, als Sie mehr über diese Dinge (Ihre Hauptfaktoren, s.o.) erfahren haben, gibt dies der anderen Person das Gefühl, diese Dinge selbst zu entdecken. Erzählen Sie auch die Geschichte von der Person, von der Sie darüber erfahren haben. Dadurch hat Ihr Zuhörer zusätzlich die Möglichkeit, sich mit dieser Geschichte zu identifizieren. Nutzen Sie diese Kraft.

5. Der letzte Punkt der Geschichte ist nun Ihre eigene Erfahrung. Sie könnten davon erzählen, wie großartig es ist, mit diesem Unternehmen zu arbeiten. Sie könnten von den netten Menschen sprechen, die Sie dabei kennengelernt haben. Sie könnten Geschichten von Personen erzählen, denen Sie bereits helfen konnten. Erzählen Sie, was Ihnen wichtig ist. Lassen Sie Ihr Herz sprechen.

Das schöne daran ist, dass dies kein Training braucht. Es ist einfach die Wahrheit. Sie erzählen nur wie es ist und teilen Ihre Erfahrung mit jemand anderem. Jeder kann dies tun und effektiv dabei sein. Sobald Sie Ihre Geschichte zu Ende erzählt haben, wird die andere Person interessiert sein oder nicht. Wenn sie zu diesem Zeitpunkt nicht interessiert ist, wird sie Ihnen sofort nein sagen. Sie wird nein sagen, denn obwohl Ihre Kontaktaufnahme eine Methode ohne Druck war, wird sie von Ihnen Druck erwarten aufgrund vergangener Erfahrungen mit Verkäufern.

Da Ihr Zuhörer nicht unter Druck gesetzt werden möchte, wird er ungefähr folgendes sagen: „Hört sich gut an, aber ich denke nicht, dass es etwas für mich ist." Wenn er auf diese Weise nein sagt, danken Sie ihm für seine Zeit und sagen Sie etwas wie „danke, dass Sie sich die Zeit für dieses Treffen genommen haben. Ist es ok, wenn ich mich mal wieder melde?" Die meisten Menschen werden *ja* sagen.

Es liegt viel Power darin zu sagen, dass es o.k. ist, wenn der andere kein Interesse hat. Allerdings müssen Sie dann auch Ihr Wort halten! Ihr Gesprächspartner wird dies nicht vergessen. Das Gespräch war angenehm für den anderen, denn Geschichten sind amüsant und interessant. Eine weitere gute Nachricht ist, dass Ihr Zuhörer die Geschichte nicht vergessen wird. Im Gegensatz zu reinen Fakten, die nur in der linken Gehirnhälfte ankommen, verknüpft der Zuhörer einer Geschichte diese Informationen auch mit eigenen Emotionen.

Wenn Sie der anderen Person also zugestehen, nein zu sagen, wird sie weiterhin darüber nachdenken und sich fragen, ob sie sich etwas hat entgehen lassen. Diese Person kommt dann in Ihre Pipeline, um sie zu einem späteren Zeitpunkt wieder zu kontaktieren, denn zwei Dinge sind sicher: Der Bedarf ist groß und wird auch bestehen bleiben, und Dinge im Leben ändern sich. Jemand der Ihr Angebot heute nicht interessant findet, mag in der Zukunft ganz anderer Meinung sein.

Wenn die Person irgendetwas anderes als *nein* sagt, ist sie in gewissem Maße interessiert. Das Tolle dabei ist, dass derjenige Sie nach genau den Informationen fragen wird, die für *ihn* entscheidend sind. Vielleicht möchte er etwas über die Produkte erfahren, den Vergütungsplan, wie man startet oder die Geschichte der Firma. Das alles ist einfach beantwortet, egal wie kurz Sie im Geschäft sind, und andere Teampartner werden Ihnen die Hilfe geben, die Sie benötigen.

In seltenen Fällen schweigt Ihr Zuhörer, nachdem Sie Ihre Geschichte beendet haben. Fragen Sie einfach, ob er gerne mehr darüber erfahren möchte. Wenn er ja sagt, fragen Sie ihn, was er gerne wissen möchte. So einfach kann es sein (Weitere Anregungen über die Kraft von Geschichten finden Sie im Bonuskapitel 3).

Kontakt halten (Follow up)

„Kontakt halten" bedeutet einfach die Fortsetzung der Konversation. Hier machen viele Menschen den Fehler, zu früh aufzuhören. Wir müssen während des ganzen Prozesses daran denken, dass es um den anderen geht und nicht um uns selbst. Am liebsten wäre es uns, wenn der andere sofort starten würde, aber das entscheiden nicht wir, sondern unser neuer Partner. Unsere Aufgabe ist es sicherzustellen, dass wir „da" sind, wenn ein neuer Partner/ Kunde bereit ist zu handeln.

Viele Networker sind zu zögerlich, wenn es um konsequente Nachbetreuung geht, denn sie wollen nicht, dass sich die andere Person unter Druck gesetzt fühlt. Diese Befürchtung träfe jedoch nur zu, wenn Sie Ihren Gesprächspartner von Anfang an unter Druck gesetzt hätten, was Sie ja nicht haben. Sie haben ja anfänglich betont, dass Ihr Interessent jederzeit „nein" zu Ihnen sagen kann. Wenn Sie also den Kontakt halten und sich wieder melden, handeln Sie so, wie es jeder gute Geschäftsmann und jede gute Geschäftsfrau tun würde.

Wenn Sie jedoch nicht dranbleiben und sich nicht wieder melden, wirken Sie folgendermaßen auf Ihren Interessenten: Es scheint, dass Ihnen der andere egal ist! Es scheint, als würden Sie selbst nicht an die tollen Dinge glauben, von denen Sie erzählt haben; Sie wirken unprofessionell; es scheint nicht so wichtig zu sein; vielleicht sind Sie sich selbst nicht so sicher mit dem Geschäft usw.

Follow up ist ein Teil eines jeden Geschäfts. Der Großteil der Geschäftsabschlüsse weltweit passiert nach dem 4. Kontakt. Wenn Sie nicht Kontakt halten, werden Sie die meisten Möglichkeiten, Menschen zu helfen, verpassen. Natürlich verringern sich damit auch die eigenen Erfolgschancen. Aber viel wichtiger ist noch, dass Sie Ihre Glaubwürdigkeit Ihrem Kontakt gegenüber zerstören. Mit dem Follow up beginnt erst der wahre Erfolg.

Die meisten Menschen, die ich im Laufe der Zeit gesponsert habe, sind aufgrund dauerhaften Kontakthaltens dazugekommen. Manchmal geschieht es in der gleichen Woche und manchmal ist es Monate oder Jahre später. Es spielt keine Rolle, wie lange es dauert, denn es passiert, wenn der richtige Zeitpunkt gekommen ist. Wenn Sie sich an diese Methode halten, werden Sie viele Menschen haben, die Sie jeweils gerade unterstützen können, während für andere erst später der richtige Zeitpunkt kommt. Voraussetzung ist, dass Sie jeden Tag neue Kontakte machen und diese Menschen Ihrer Liste hinzufügen.

Alles was Sie tun müssen, ist nett zu sein und aufrichtig interessiert daran zu sein, Fragen zu beantworten und Informationen bereitzustellen. Je konsequenter Sie nachbetreuen, desto besser wird das Verhältnis zu der anderen Person und desto mehr werden Sie über deren Bedürfnisse erfahren. Zunehmend lernt auch die andere Person Sie als jemanden kennen, mit dem es angenehm wäre zusammenzuarbeiten, denn Ihre Glaubwürdigkeit wird mit der Zeit größer.

Bleiben Sie so lange in Kontakt, bis jemand „nein" sagt (und damit nicht nur „noch nicht" meint ;-)). An dem Punkt, an dem der Interessent „nicht jetzt" sagt, machen Sie lediglich einen Vermerk in Ihrem „Erneut kontaktieren zu einem späteren Zeitpunkt" - Ordner und setzen Sie die Konversation mit der Person in 3 - 6 Monaten fort.

Es ist wichtig, ein Ordnungssystem für die Kontakte zu haben. Sie können einen Online-Kontaktmanager oder einfach ein Karteikartensystem benutzen. Notieren Sie idealerweise jede Information, die Ihnen Ihr Interessent über sein Leben mitteilt. Das hilft Ihnen, ein tieferes Verhältnis zu diesem Menschen aufzubauen. Und Sie können bei jedem Gespräch wieder an das vorige anknüpfen. Zum Beispiel wenn Ihr Interessent Ihnen etwas über seine Kinder erzählt, oder von Vorkommnissen auf seiner Arbeitsstelle berichtet, können Sie die Person das nächste Mal darauf ansprechen. Das ist sehr bedeutsam, um eine vertrautere Beziehung aufzubauen. Jedes Mal wenn Sie miteinander sprechen, wächst das Vertrauen des anderen in Sie. Menschen machen Geschäfte mit Menschen, die sie mögen und denen sie vertrauen.

Betreuen

Sobald sich jemand dafür entscheidet, Ihr Angebot anzunehmen, können Sie sich von anderen abheben durch richtig guten Service. Im Marketingbereich wird dieser Schritt oft als „Abschluss" bezeichnet. Hier gibt es aber nichts abzuschließen. Dies ist doch erst der Beginn in der Kunden-/ Geschäftspartner-Beziehung. Nun sollten Sie erst recht Ihren Focus auf die Unterstützung des neuen Kunden/ Partners richten, denn dieser hat mit seiner Bestellung den ersten Schritt gemacht und damit zum Ausdruck gebracht: „Ich möchte mir selbst helfen und ich vertraue Ihnen, dass Sie die Person sind, die mich dabei gut berät".

Wenn sich die Person dafür entscheidet, Kunde zu werden, müssen Sie sicherstellen, dass sie die bestmögliche Erfahrung mit den Produkten macht. Erklären Sie genau, wie man was am besten nimmt und zubereitet. Durch freundlichen Service fühlt sich der Kunde wertgeschätzt, so dass er niemals in Erwägung ziehen würde, das Produkt eines Konkurrenten zu nutzen, denn dann hätte er nicht mehr *Sie* als Berater.

Vertrauen baut sich zunächst zwischen Menschen auf, und erst im zweiten Schritt entsteht das Vertrauen in das Produkt. Sie werden Ihnen ein Produktmissgeschick eher vergeben als ein Missgeschick in der Betreuung.

Nachdem ein neuer Kunde seine erste Bestellung aufgegeben hat, müssen Sie einen Zeitpunkt festlegen, zu dem Sie sich wieder melden, so dass Sie nach Eintreffen des Produkts beim Kunden Tipps geben können, damit der Kunde von Anfang an gute Erfahrungen macht. Am gleichen Tag (bei Absenden der Bestellung) sollten Sie ebenfalls eine handgeschriebene Dankesnotiz verschicken. Diese beiden simplen Dinge werden Sie von allen anderen Personen unterscheiden, mit denen der Kunde bisher zu tun hatte. Dadurch werden Sie im positiven Sinne unvergesslich. Ebenso bestätigt diese Vorgehensweise den neuen Kunden, dass er eine gute Entscheidung getroffen hat und dass man sich auf Sie verlassen kann. Dies ist von unschätzbarem Wert für eine dauerhafte und gute Beziehung.

Stellen Sie also sicher, dass die erste Erfahrung Ihres Kunden exzellent ist. Die erste Erfahrung ist ebenso entscheidend wie der erste Eindruck. Sie bleiben lange Zeit im Gedächtnis. Eine exzellente erste Erfahrung mit den Produkten wird gewährleisten, dass der Kunde sie weiterhin benutzt und noch mehr gute Erfahrungen damit sammeln kann. Dies wird den Kunden für einen wesentlich längeren Zeitraum an Sie und Ihre Produkte binden, als es in anderen Unternehmen oder Branchen der Fall ist.

Kümmern Sie sich weiterhin um den Kunden, indem Sie ihm gelegentlich interessante Informationen bzw. Artikel mailen, und rufen Sie ab und zu an, um gegebenenfalls Fragen zu klären. Sie sollten jedoch nicht ständig neue Produkte vorstellen und empfehlen. Vertrauen Sie stattdessen darauf, dass bei guter Betreuung der Kunde sich an Sie wenden wird, wenn bei ihm neue Bedürfnisse oder Probleme entstanden sind. Wenn Sie den Kunden nur kontaktieren, um neue Produkte zu bewerben, wird er Sie nur als jemanden ansehen, der mehr Geld machen will.

Wenn sich jemand dazu entschlossen hat, in Ihr Empfehlungsmarketinggeschäft einzusteigen, behandeln Sie die Person auf die gleiche Art und Weise. Die Dankesnotiz und die Betreuung von Anfang an sind gleich. Darüber hinaus beginnen Sie zusätzlich, Ihren neuen Partner zu trainieren und zu coachen, wie er oder sie ebenso erfolgreich nach dieser hier beschriebenen Methode arbeiten kann. Als ersten Schritt können Sie dem Partner ein Exemplar dieses Buches geben, sodass er verstehen kann, wie einfach es ist, in diesem Geschäft zu arbeiten. Als nächstes sollten Sie einen persönlichen Termin vereinbaren, um zu zeigen, welche Werkzeuge („Tools") noch zur Verfügung stehen und wie man wichtige administrative Tätigkeiten (wie z.B. eigene Webseite personalisieren, Bestellwesen, wo man Infos zur Firma findet, weitere Informationsquellen usw.) durchführt. Geben Sie einen Überblick über den Vergütungsplan, sodass der neue Partner versteht, wie das künftige Einkommen generiert wird, und sprechen Sie über Ziele und stellen Sie einen Aktionsplan auf.

Dieser Teil des Geschäftes macht am meisten Spaß, denn an diesem Punkt, können Sie das Wichtigste – nämlich anderen Menschen helfen – voll zum Ausdruck bringen. Nur wenige Dinge fühlen sich genauso gut an, wie Menschen dabei zu helfen, ein besseres Leben zu haben!

Eine wichtige Anmerkung: Menschen starten aufgrund einer Vielzahl unterschiedlicher Gründe und haben ganz unterschiedliche Erfolgsziele. Bewerten Sie nie, was diese Person zu Ihrem Erfolg beitragen könnte, sondern konzentrieren Sie sich nur darauf, wie Sie der Person bei der Erreichung von deren eigenen Zielen und Träumen helfen können. *Jedes* Ziel, das ein Partner hat, ist wichtig für diesen Menschen, und so sollten Sie es sich auch zu Herzen nehmen. Die Größe des Ziels ist nicht ausschlaggebend. Es zählt *nur*, dass Sie jemandem dabei helfen, es zu erreichen. Zeigen Sie Ihrem neuen Partner, dass Sie verfügbar sind und dass Sie ihm zu jeder Erfolgsstufe helfen, welche er anstrebt.

Die Mehrzahl der Menschen, die in Ihr Geschäft einsteigen, wollen ein durchschnittliches finanzielles Erfolgslevel erreichen. 300-500 € pro Monat zusätzlich sind im Jahr 3600-6000 € mehr. Das wäre bereits eine bedeutsame Verbesserung für den Lebensstandard von 80% aller Menschen in der Welt. Helfen Sie genug Menschen dabei, mittlere Ziele zu erreichen – und Sie können Ihre größtmöglichen Ziele erreichen.

Sie werden auch Menschen finden, die mehr erreichen wollen, was natürlich ebenso Freude macht. Es gibt keine Grenze des Möglichen bei diesem Konzept. Machen Sie sich jedoch immer wieder bewusst, dass die Größe eines Ziels nicht den Wert dieser Person bestimmt. Helfen Sie jeder Person dabei, ihr Ziel zu erreichen – egal wie hoch es ist – und Sie werden ein sehr erfolgreiches Geschäft aufbauen, das Ihnen ein dauerhaftes Einkommen einbringen wird – das ganze Leben lang.

Ein paar Schlussgedanken

Vermutlich haben Sie dieses Buch bisher zügig durchgelesen, und nun denken Sie vielleicht: „Ist das schon alles?". Also einerseits ja ... und auch ein kleines bischen Nein. Dies war eine vollständige Anleitung für diesen Prozess – diese Methode, das Geschäft aufzubauen. Aber das bedeutet nicht, dass Sie dies schon automatisch richtig anwenden bzw. jemanden genau auf diese Weise kontaktieren und betreuen können. Dies ist jedoch kein Problem, denn Sie werden auf jeden Fall besser damit fahren, als jemand, der dieses Buch nicht gelesen hat.

Ich schlage vor, das Buch einen Monat lang täglich zu lesen. Jedes Mal, wenn Sie es lesen, werden Sie diese Methode besser anwenden können und ein tieferes Verständnis dafür entwickeln. Es wird nicht lange brauchen, den Prozess zu meistern, aber auch für Fortgeschrittene gibt es immer wieder einen Lernzuwachs.

Sicher gibt es auch viele Dinge, worüber Sie mehr erfahren möchten, zum Beispiel die Firma, die Produkte usw. Diese Informationen werden Ihnen helfen, im Laufe der Zeit selbstsicherer und überzeugter zu werden. Notwendig sind diese Infos jedoch nicht, um effektiv zu sein. Holen Sie sich diese Informationen nach und nach, aber beginnen Sie unmittelbar mit dem Kontaktieren.

Machen Sie sich bewusst, dass Sie ein einzigartiger und besonderer Mensch sind. Niemand anders ist genau so wie Sie. Sie besitzen schon alles, um größte Erfolge zu erzielen.

Arbeiten Sie nach dieser Methode und entfalten Sie Ihr bestes Potenzial. Sie können wirklich das Leben erschaffen, das Sie sich wünschen, und Sie können es mit Empfehlungsmarketing erreichen. Das Leben ist kostbar, übernehmen Sie das Steuerrad. Geben Sie sich nicht mit weniger zufrieden, als mit dem, was Sie sein können. Stehen Sie zu Ihrer Macht und packen Sie es an. Ich würde mich freuen, demnächst von Ihrem Erfolgsweg zu hören. Sie können mir gerne jederzeit eine E-Mail schreiben und mir von Ihren Fortschritten berichten.

Mit besten Wünschen

Todd Burrier

Schauen Sie auch in meinem deutschsprachigen Blog vorbei:

www.toddburrier.de

Dort können Sie gratis das Audio-Training „**27 Ansprachen, die sich beim Kontaktieren im Network Marketing in der Praxis bewährt haben**" herunterladen.

Bonuskapitel 1 –
Eine Geschäftsphilosophie

Mein Ziel, wie auch die Verantwortung eines jeden Mentors, ist es, der gesponserten Person die bestmögliche Erfolgschance zu geben. Die Mehrheit der Personen, die in Ihr Geschäft einsteigen, waren in deren Business bisher noch nicht erfolgreich oder waren noch nie selbstständiger Unternehmer. Das bedeutet, dass sie nicht nur viel über dieses neue Geschäft lernen müssen, sondern auch über sich selbst. Es ist entscheidend, dass wir einem Neustarter beim Geschäftsaufbau helfen als auch bei der Weiterentwicklung der eigenen Persönlichkeit. Ich bin der festen Überzeugung, dass im Rahmen des Persönlichkeitswachstums auch das Geschäft wachsen wird. Bestätigen Sie Ihren Geschäftspartner auf diesem Weg immer wieder, dass auch er es wirklich schaffen kann.

Es gibt verschiedene Geschäftsphilosophien in dieser Branche und alle haben ihren Wert. Wenn jemand bereit ist, genug von „etwas" zu tun, dann wird er aller Voraussicht nach auch erfolgreich sein. Ich möchte daher in diesem Buch keine andere Philosophie schlecht reden. Ich möchte nur meine eigene Philosophie mit Ihnen teilen, deren Entstehung viele Jahre eigener Weiterentwicklung vorausgegangen sind. Ich weiß aus Erfahrung, dass jeder diese Prinzipien erlernen und damit erfolgreich sein kann.

1 oder 99%

Aufgrund meiner 28-jährigen Erfahrung mit Network Marketing, meinem Engagement in meiner Gemeinde und meiner Trainertätigkeit für Unternehmen, bin ich zu dem Schluss gekommen, dass ungefähr 1% der Bevölkerung eines jeden Landes das besitzen, was ich als „echte Glaubwürdigkeit als Geschäftsmann bzw. Geschäftsfrau" bezeichnen würde. Wenn diese Personen jemanden anrufen und ihr Geschäftsmodell vorstellen möchten, stoßen sie sofort und ohne Rückfragen auf Interesse. Zu diesem 1% zählen auch Menschen, die mit Network Marketing bereits erfolgreich waren.

Die übrigen 99% der Bevölkerung besitzen diese Glaubwürdigkeit nicht. Die meisten von ihnen hatten noch nie ein eigenes Business und falls doch, so konnten sie damit keine messbaren Erfolge erzielen. Wenn einer von diesen 99% anruft und sein neues Geschäft vorstellen möchte, so wird er oft die Frage hören: „Was verstehst Du denn von Geschäften bzw. Selbstständigkeit?" oder etwas in der Art…

Menschen, die in Ihr Geschäft einsteigen, sind natürlich begeistert von der Aussicht, erfolgreich zu werden. Doch ihr tiefer, innerer Glaube daran, dass sie tatsächlich erfolgreich sein werden, ist bei weitem nicht so stark, wie ihre Euphorie, denn sie haben bisher im Geschäftsleben noch keinen Erfolg gehabt – vor allem mit dieser Art Geschäft nicht. Und wahrscheinlich kennen sie auch niemanden, bei dem dies der Fall war.

Damit ein neuer Geschäftspartner stärker an seine eigenen Fähigkeiten glauben kann, muss man ihm die Möglichkeit geben, so zu arbeiten, dass er Erfolgserlebnisse hat und sich dabei weiterentwickelt. Wenn ich einen Menschen aus der 99%-Gruppe gleich zu Beginn auffordere, sofort über eine neue Geschäftsmöglichkeit zu sprechen, passiert Folgendes: Er ruft jemanden an, den er kennt und erklärt ihm, er wolle mit ihm über ein Geschäft sprechen. Der Gesprächspartner fragt ihn: „Was verstehst Du denn von Geschäften?" Dadurch wird der ohnehin schwache Glaube an einen möglichen Erfolg nur noch mehr geschwächt. Passiert das noch drei oder vier mal, glaubt der Betreffende überhaupt nicht mehr daran, jemals erfolgreich sein zu können. Er ist dann davon überzeugt, seine Freunde hätten recht gehabt und die Sache funktioniere eben nicht.

Ich weiß, wie verletzt und entmutigt man sich in dieser Lage fühlt, weil es mir am Anfang genauso ergangen ist. Ich gehörte auch zu diesen 99%. Deshalb liegt es mir besonders am Herzen, einem Menschen der 99%-Gruppe die Chance zu geben, irgendwann zu den 1% zu zählen – wenn er es möchte.

Der Glaube an ein Produkt hingegen kann nicht so einfach zerstört werden. Wenn Sie davon überzeugt sind, dass Ihr Produkt (oder Ihre Dienstleistung) den Menschen Vorteile bringt und Sie das weitererzählen, kann Ihnen der Glaube an das Produkt auch dann nicht genommen werden, wenn Ihr Gegenüber kein Interesse zeigt. Zu Beginn sollte sich deshalb jemand aus der 99%-Gruppe, der sich unwohl fühlt bei dem

Gedanken, andere Menschen auf eine Geschäftsidee anzusprechen, erst eine Basis von Produktnutzern aufbauen.

Jeder Kunde, den man sponsert, trägt dazu bei, Selbstvertrauen zu gewinnen und an das eigene Geschäft und die eigene Fähigkeit, damit erfolgreich zu sein, zu glauben. Sobald ein neuer Geschäftspartner es geschafft hat, einige Kunden (ich finde 15 oder mehr sind eine gute Zahl) zu finden, wird er auch immer mehr aus dem eigenen Gefühl heraus über die Geschäftsmöglichkeit sprechen können und wollen. Denn nun hat er bereits ein kleines Geschäft auf die Beine gestellt, das regelmäßige Gewinne abwirft.

Wenn er jetzt jemanden anruft und sagt, er habe ein Geschäft, über das er gerne mit ihm sprechen möchte und derjenige ihn fragt, was er denn von Geschäften verstehe, so kann er nun antworten, dass er vor kurzem gestartet ist und bereits mehrere Kunden hat. Eine einfache Methode – jeder kann dies tun. Der neue Geschäftspartner ist nun auch in der Lage, anderen beizubringen, was er bereits geschafft hat. Damit ist die Basis für eine erfolgreiche Duplikation in diesem Geschäft geschaffen.

Bonuskapitel 2 – Kontaktmöglichkeiten, Tipps, Beispielsätze und Vorschläge

Es gibt viele Möglichkeiten, mit Menschen ins Gespräch zu kommen. Der Schlüssel ist, eigene Sätze zu finden, mit denen Sie sich wohl fühlen und diese immer und immer wieder anzuwenden. Die passenden Menschen werden dann Interesse zeigen, vorausgesetzt Sie sind freundlich, ehrlich, respektvoll und üben keinen Druck aus. Der Schlüssel zum Erfolg ist, mit so vielen Personen wie möglich zu sprechen.

Dieser Anhang bezieht sich auf den Kontakt per Telefon, aber die gleichen Worte können auch im persönlichen Gespräch verwendet werden. Weiter unten finden Sie verschiedene Textbausteine, die ich in verschiedenen Situationen im Laufe der Jahre mit Erfolg verwendet habe. Wie Sie etwas sagen ist jedoch wichtiger als die Worte, die Sie verwenden. Aber wenn die Worte auch noch passen, kommen Sie natürlich noch besser an.

In diesem Kapitel geht es ausschließlich um die Ansprache auf das Geschäft. Im Bonuskapitel 4 finden Sie Beispielsätze, wenn Sie Gesundheits- und Wellnessprodukte im Angebot haben.

Im Gespräch müssen Sie als erstes fragen, ob der Zeitpunkt o.k. ist, indem Sie z.B. fragen „Haben Sie einen Moment Zeit/ Passt es Ihnen gerade". Rücksicht nehmen ist wichtig für gegenseitigen respektvollen Umgang miteinander. Dann machen Sie Ihre Kontaktansprache.

Im folgenden finden Sie verschiedene Sätze, die Sie im Gespräch verwenden können.

Damit Ihr Gesprächspartner sich entspannen kann:

„Es ist in Ordnung, falls es nichts für Sie ist..."

„Ich bin nicht sicher, ob es etwas für Sie ist (falls nicht, ist es o.k. für mich)..."

„Sie können jederzeit nein sagen, das ist kein Problem..."

Weitere gute Sätze:

„Ich selbst habe so etwas vorher auch noch nie kennen gelernt..."

„Wenn ich Ihnen einen Weg zeigen könnte, wie Sie mehr Geld verdienen können ohne finanzielles Risiko, würden Sie mehr darüber erfahren wollen?"

„Wären Sie offen für eine neue Verdienstmöglichkeit?"

„Ich weite gerade mein Geschäft aus und vielleicht ist es nichts für Sie, aber Sie sind jemand, mit dem ich gerne zusammenarbeiten würde. Wären Sie offen dafür, dass ich Ihnen erzähle, was ich mache?"

„Ich habe ein eigenes Business gestartet und schaue nach einigen Partnern, die es mit mir aufbauen möchten. Es braucht kein Investmentkapital. Wären Sie offen dafür, dass ich Ihnen erzähle, was ich mache?"

„Ich habe ein tolles Geschäft kennengelernt, was man von zu Hause aus betreiben kann. Wären Sie offen dafür, dass ich Ihnen erzähle, was ich mache?"

„Ich habe ein einzigartiges Geschäftskonzept gefunden, was ich gerne mit Ihnen zusammen aufbauen würde. Wären Sie offen für ein zusätzliches Einkommen?"

„Ich bin mit einem Business gestartet, welches perfekt in die heutige Wirtschaftswelt passt und ich schaue nach einigen Partnern. Ich weiß nicht, ob es etwas für Sie wäre, aber wie wäre es, wenn ich Ihnen das Konzept erläutere?

„Ich habe das für mich fairste Geschäftskonzept/ Homebusiness gefunden..."

„Seit einiger Zeit habe ich Ausschau gehalten nach zusätzlichen Einkommensmöglichkeiten (z.B. zur Altersvorsorge, Finanzierung des Studiums meiner Kinder, o.ä.) und habe eine geniale Möglichkeit gefunden. Es ist ohne Risiko und man kann vielen Menschen helfen. Wären Sie offen dafür, dass ich Ihnen erzähle, was ich mache?"

„Ich baue gerade ein neues Geschäft auf und bin auf der Suche nach dem richtigen Geschäftspartner. Da habe ich an Dich gedacht. Ich bin mir nicht sicher, aber wärst Du offen dafür, dass ich Dir erzähle, was ich mache?"

„Wenn ich Ihnen Informationen über mein neues Geschäft zusende, würden Sie sich diese anschauen? Wenn es nichts für Sie ist, ist es kein Problem."

„Wenn ich Ihnen ein kurzes Video über mein neues Geschäft sende, würden Sie es anschauen?"

„Seit kurzem baue ich mir ein neues Geschäft von zu Hause aus auf. Es ist fair und es geht darum, anderen zu helfen. Ich suche nach einigen Partnern und habe an Dich gedacht. Wärst Du offen, dass ich Dir mehr über ein solches Zusatzeinkommen erzähle?"

Es folgen zwei Kontaktansprachen, die auf Weiterempfehlungen abzielen

Zum Thema „Empfehlungen erhalten" gebe ich ganze Seminare. Diese Sätze funktionieren sehr gut:

„Ich bin dabei, mein Geschäft auszuweiten und suche dabei nach einem bestimmten Typ Mensch. Ich schätze Sie sehr und glaube, dass Sie so jemanden kennen könnten, der zu meinem Geschäft passen würde. Könnte ich Ihnen zeigen, was ich mache?"

„Vielleicht könnten Sie mir helfen. Ich baue ein Geschäft auf und suche nach dem richtigen Geschäftspartner. Ich weiß, dass Sie viele Kontakte haben. Könnte ich Ihnen zeigen, was ich mache? Falls es für Sie nicht interessant ist, so kennen Sie vielleicht jemanden, der Interesse daran haben könnte."

Es ist nicht so gedacht, dass Sie exakt diese Sätze verwenden sollen. Ich möchte Ihnen einfach einige Gedankenanregungen geben.

Bonuskapitel 3 – Wie man anderen Menschen dabei hilft, ihre Probleme zu lösen

Jedes erfolgreiche Geschäft löst Probleme. Anders ausgedrückt: Es deckt den Bedarf des Kunden. Das ist der einzige Grund, warum Menschen in ihrem Leben Produkte kaufen und Dienstleistungen in Anspruch nehmen. Wenn man jemandem helfen will, seine Probleme zu lösen, spielt es eine entscheidende Rolle, dass derjenige überhaupt erkennt, dass er ein Problem hat, dass gelöst werden könnte und dass man selbst ein Produkt hat, das dazu in der Lage ist.

Es gibt im Prinzip zwei Möglichkeiten, jemandem zu vermitteln, dass Ihr Angebot deren Problem lösen kann: den anderen mit Fakten überzeugen zu wollen oder indem man Geschichten erzählt. Ich bringe den Menschen lieber bei, wie man eine gute Geschichte aufbaut. Bevor ich das jedoch erkläre, möchte ich Ihnen kurz schildern, was bei der Überredungsmethode passiert.

Wenn wir jemanden mit Hilfe von Argumenten überzeugen wollen, greifen wir auf Fakten und Logik zurück. Das Problem dabei ist, dass wir die Dinge aus unserer Sichtweise und mit unserem Informationsstand erklären, während unser Gesprächspartner die Worte durch den Filter seiner eigenen Erfahrungen und Kenntnisse aufnimmt. Menschen sind von Natur aus auf sich selbst fokussiert. Wir glauben, dass unsere Meinung die richtige ist. Dasselbe gilt für unser Verhalten und unseren Wissensstand. Da wir so denken, haben wir ein emotionales Interesse daran, dass die Dinge so bleiben, wie wir sie kennen.

Jeder reagiert auf Neues immer mit der Frage im Hinterkopf: „Was bringt mir das?". Wenn wir versuchen, Menschen durch logische Argumente und Fakten dazu zu bewegen, unsere Sicht der Dinge anzunehmen, wollen wir sie in Wirklichkeit davon überzeugen, dass wir recht haben. Unser Gesprächspartner muss uns folglich also zustimmen, dass wir recht haben, um das Angebot annehmen zu können. Das Problem dabei ist, dass er damit sich selbst und uns gegenüber zugeben muss, dass er unrecht hatte mit seiner Denkweise über dieses Thema.

Die innere Frage „was bringt mir das?" führt bei demjenigen, den wir überzeugen wollen, dazu, dass er sich an seinen eigenen Standpunkt klammert. Er wird sozusagen zu einem „kritischen Zuhörer". Statt darüber nachzudenken, inwiefern das Angebot ihm helfen könnte, sucht er nach Fehlern in Ihrer logischen Argumentation, die er nach seinem Kenntnisstand beurteilt. Dabei wird er wahrscheinlich irgendeinen Grund finden, warum Sie unrecht haben und er recht hat. Denn der andere ist innerlich ebenso davon überzeugt, dass seine Sichtweise immer die richtige ist. Nur die besten Überredungskünstler können mit dieser

Vorgehensweise eine Existenz aufbauen – egal in welchem Bereich. Es Bedarf jahrelanger Anstrengung und Training. Und Sie müssen die Konfrontation mögen, um ein Profi in diesem Bereich zu werden. Für die meisten Menschen – mich eingeschlossen – ist diese Vorgehensweise kein Vergnügen.

Wenn man jedoch eine Geschichte erzählt, so schafft man damit eine vollkommen andere Situation. Wenn jemand einer Geschichte zuhört, sieht er diese auch vor seinem inneren Auge und denkt darüber nach. Es ist fast so, als schaute er sich in seinem Kopf einen kleinen Film an. Dabei fügt er ganz selbstverständlich seine Lieblingsfigur, nämlich sich selbst, in die Geschichte ein. Er hört sich unsere Geschichte an und hat dabei das Gefühl, er selbst sei derjenige, dem das alles passiert.

Dadurch ist er emotional in die Geschichte eingebunden. Er achtet dabei nicht auf die Logik in der Geschichte, er erlebt die Geschichte einfach selbst. Automatisch denkt er darüber nach, was es für sein Leben bedeuten würde, wenn er die Hauptperson in dieser Geschichte wäre. Er wird nicht nach Gründen suchen, ob an diesem Angebot etwas falsch ist, sondern vielmehr Fragen dazu stellen, welche Vorteile das Angebot für ihn haben könnte.

Das Entscheidende ist: jeder kann lernen, die Vorteile eines Produkts oder einer Geschäftsidee erfolgreich mit einer Geschichte zu vermitteln. Das macht Spaß und ist nicht schwer. Außerdem kann Ihr Gegenüber auf diese Weise schnell erkennen, dass Ihr Angebot auch eine Lösung für sein Problem sein kann. Der Clou ist, wenn jemand eine

Geschichte hört, die auch sein Problem lösen könnte, verfolgt er diese weiter, als ob es seine eigene Idee gewesen wäre. Er ist emotional an der Lösungssuche beteiligt. Dies ist eine wahrhaft angenehme Art und Weise, ein Geschäft aufzubauen. Jeder kann dadurch mehr Menschen helfen.

Bonuskapitel 4 – Gesundheit und Wellness

Dieses Bonuskapitel richtet sich an Menschen, die Gesundheits- und Wellnessprodukte weiterempfehlen. Alle bisher besprochenen Prinzipien gelten auch hier. Die folgenden Sätze sind wiederum Anregungen und haben sich als sehr effektiv erwiesen:

„Haben Sie schon von (Ihr Produkt) gehört?"

„Ich habe interessante Infos über Gesundheit und Wellness auf CD. Würden Sie es anhören, wenn ich es Ihnen zusende?"

„Interessieren Sie sich für Gesundheit?"

„Wären Sie interessiert an neuen Wegen, wie Sie für die Gesundheit Ihrer Familie etwas tun können?"

„Sie haben mir doch mal erzählt, dass Sie XY-Problem haben, ist es immer noch so?"

„Wenn es eine Möglichkeit gäbe, auf zuverlässige und natürliche Weise Ihr Wohlbefinden zu verbessern, würden Sie mehr darüber erfahren wollen?"

„Kürzlich hast Du erwähnt, dass ... Ist es immer noch so?"

„Ich selbst nehme ein Produkt, dass mir sehr gut tut, und ich fühle mich in der Pflicht, es anderen Menschen auch zugänglich zu machen."

„Ich habe ein Wellnessgeschäft von zu Hause aus begonnen mit einem tollen Produkt, und ich würde Ihnen gerne davon erzählen."

„Ich bin in ein Geschäft eingestiegen, mit einem Hersteller von Wellnessprodukten, die ich sehr schätzen gelernt habe. Ich würde Ihnen gerne davon erzählen."

„Ich habe ein Wellnessgeschäft von zu Hause aus begonnen und würde gerne Ihre „Gesundheitsquelle/ Bezugsquelle sein."

„Ich habe ein großartiges Gesundheitsprodukt gefunden und ich fühle mich verantwortlich, es auch anderen Menschen zugänglich zu machen."

„Ich habe ein Produkt entdeckt, welches ..."

„Ich habe ein Produkt gefunden, das ich lieben gelernt habe, ich würde Dir gerne davon erzählen."

„Ich bin in ein Geschäft eingestiegen, in welchem das Hauptziel darin besteht, anderen zu helfen, vital zu bleiben. Könnte ich Ihnen Infos darüber schicken?"

„Vielleicht können Sie mir helfen. Ich habe ein Wellnessgeschäft begonnen, in dem es darum geht, anderen zu helfen, vital zu bleiben. Könnte ich Ihnen Infos dazu senden?/ Könnten wir uns treffen? Falls es nichts für Sie wäre, dann kennen Sie vielleicht jemanden, dem ich helfen könnte."

„Ich muss Ihnen unbedingt eine Geschichte erzählen ..."

„Ich muss Dir unbedingt erzählen, was mir passiert ist ..."

„Ich muss Dir unbedingt erzählen, was ich entdeckt habe ..."

„Ich habe ein Produkt, von dem ich Ihnen gerne erzählen würde..."

Bonuskapitel 5 – Network Marketing und Social Media

Beim Aufbau des Geschäfts mit Hilfe des Internets und den Sozialen Medien ergeben sich heute ganz neue Chancen. Zum ersten Mal ist es möglich, bequem von zu Hause aus, ein weltweites Geschäft aufzubauen.

Online zu arbeiten, erweitert die Möglichkeiten in ungeahntem Maße und führt eine wahre Revolution in der Heimarbeit herbei. Wir können unser Geschäft zu jeder Tages- und Nachtzeit aufbauen und können uns online in relevante Hilfsmittel einarbeiten, die uns, unabhängig vom Persönlichkeitstyp helfen, in dieser Branche erfolgreich zu werden. Die Herangehensweise bleibt immer die gleiche:

Wir sind freundlich, ehrlich und respektvoll und üben keinerlei Druck aus. In meinen Trainings bringe ich den Menschen auch bei, effektiv online zu arbeiten, doch es würde den Rahmen dieses kleinen Büchleins sprengen, darauf ausführlich einzugehen.

Eine paar Dinge gibt es allerdings, die wir gleich zu Beginn wissen sollten, um uns auch online bestmöglich zu positionieren: Ein ganz wichtiger Faktor ist die Neugier, die wir wecken wollen, denn auch wenn wir selbst viel wissen und stolz auf unser Unternehmen und die Produkte sind, wissen unsere potentiellen Kunden oder Partner ja noch nichts oder erst wenig darüber. Die Menschen möchten allerdings immer gerne gleich soviel wie möglich wissen über eine neue Sache, und sobald wir den Namen der Firma oder der Produkte bei irgendwelchen Sozialen Medien erwähnen, ist der Zug ohne uns abgefahren. Unser potentieller Kunde kann nun einfach darüber googeln, und wir haben die Gelegenheit versäumt, selbst darüber zu erzählen.

Die Homepage einer Firma ist normalerweise sehr professionell und gut aufgebaut, aber ihr Fundament sind die Produktfakten. Sie erzählt keine **Geschichte,** so wie wir sie erzählen würden. Die Fakten über die Produkte und das Unternehmen sind der Hintergrund, aber was die Menschen wissen möchten, sind die Vorteile, die ihnen ein Produkt eventuell bringt. Erst wenn Menschen wirklich den Eindruck haben, dass ein Produkt ihnen auch helfen könnte, interessieren sie sich für die weiteren Fakten.

Außerdem betrachten die Menschen die Dinge immer durch den Filter ihrer ureigenen Erfahrungen. Sie würden auf die

Firmenhomepage schauen, als würden sie die dargestellten Produkte bereits kennen, und sie würden sicher sein, dass sie schon ganz genau wüssten, was wir anzubieten haben, obwohl sie es nicht wissen und dann oft schon eine (negative) Entscheidung treffen, bevor wir überhaupt mit ihnen sprechen konnten.

Fürs erste sollten wir also sicherstellen, keinerlei Namen über die Produkte oder die Firma zu posten und auch nicht den Namen der Firma in unserem Profil erwähnen. Wenn wir also lernen, die sozialen Medien richtig zu nutzen, können wir sehr effektiv mit ihnen arbeiten.

03 03 03 80 80 80

Die Methode 2

Smart und effizient zum Erfolg mit Network Marketing

Die Fortsetzung der Methode... Hier wird Todds bewährtes Konzept vertieft. Themen sind: Zeitplanung & Effizienz, das Ordner-System, die richtige Art der Zielsetzung, das konzept der „Türen", die Motivationsspirale, u.v.m.

www.balance-tools.de

Todds neues Leadership-Buch

Führen mit Herz –
Erfolgsprinzipien für wahres Leadership im Network Marketing

Wir befinden uns in einer nie dagewesenen Zeit der Network Marketing Branche. Der weltweite Umsatz übersteigt demnächst die 200 Milliarden-Dollarmarke und die Branche verzeichnete in den letzten 4 Jahren Zuwächse von jeweils über 6%. Wir haben den Punkt erreicht, an dem es nicht länger in Frage gestellt wird, ob es sich hier um eine ernstzunehmende Art handelt, ein nachhaltiges Einkommen zu erwirtschaften – und wir sind immer noch gerade erst am Anfang. Dieses Buch hilft Ihnen dabei, eine „echte" Führungspersönlichkeit zu werden und dauerhaft zu bleiben. Doch alles Wertvolle im Leben erfordert Geduld und Beharrlichkeit. Meistern Sie Widrigkeiten und Herausforderungen und entwickeln Sie Kompetenz UND Charakter. Echtes Leadership kann nur bestehen, wenn es von Herzen kommt und anderen dabei hilft, erfolgreich zu sein.

Lassen Sie sich von Todds besonderem Führungsstil inspirieren, den er sich selbst über viele Jahre mit viel Fleiß erarbeitet hat. Dieses Buch ist mit seinen 44 Lektionen puren Leadership-Wissens ein Muss für jeden ambitionierten Networker und Leader.

Todds neues Video-Training:

Blueprint Process – Der Bauplan für ein dauerhaftes, wachsendes Einkommen mit Network Marketing

In diesem Video-/ Audiotraining lernst Du Alles, was notwendig ist, um ein stabiles wachsendes Einkommen mit Network Marketing aufzubauen – und dies unabhängig vom System oder Art des Geschäfts. Das Set enthält Videos und Audios und mehrere Bonus-Zugaben. Du lernst eine Arbeitsweise kennen, mit der Du ohne Druck auf natürliche Weise Interessenten und Partner gewinnst und wie Du Deine Kontaktmöglichkeiten kontinuierlich ausweitest. Du lernst die effektivsten Vorgehensweisen, egal ob Du online oder offline arbeitest.

www.toddburrier.de